Impressum
Verlag: BABADADA GmbH, Nedderfeld 112 , 22529 Hamburg
Geschäftsführer / Verlagsleitung: Harald Hof
Druck: Books on Demand GmbH, In de Tarpen 42, 22848 Norderstedt

Imprint
Publisher: BABADADA GmbH, Nedderfeld 112 , 22529 Hamburg, Germany
Managing Director / Publishing direction: Harald Hof
Print: Books on Demand GmbH, In de Tarpen 42, 22848 Norderstedt, Germany

skola
kool

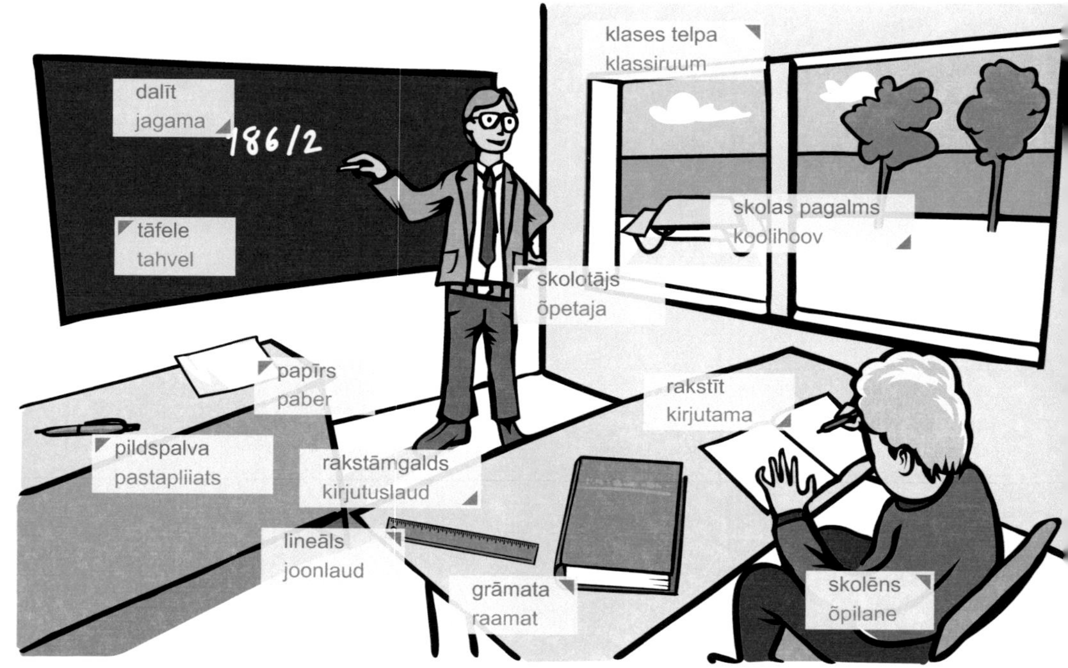

klases telpa
klassiruum
dalīt
jagama
186/2
tāfele
tahvel
skolas pagalms
koolihoov
skolotājs
õpetaja
papīrs
paber
rakstīt
kirjutama
pildspalva
pastapliiats
rakstāmgalds
kirjutuslaud
lineāls
joonlaud
grāmata
raamat
skolēns
õpilane

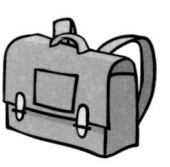

skolas soma

koolikott

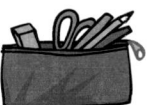

penālis

pinal

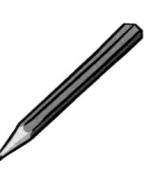

zīmulis

harilik pliiats

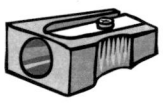

zīmuļu asināmais

pliiatsiteritaja

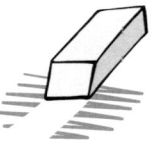

dzēšgumija

kustukumm

zīmēšanas bloks

joonistusplokk

zīmējums
joonistus

ota
pintsel

krāsas
värvikarp

šķēres
käärid

līme
liim

darba burtnīca
töövihik

mājas darbs
kodutöö

skaitlis
number

saskaitīt
liitma

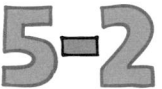

atņemt
lahutama

reizināt
korrutama

rēķināt
arvutama

burts
täht

alfabēts
tähestik

vārds
sõna

teksts

tekst

lasīt

lugema

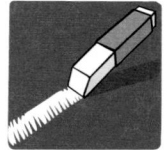

krīts

kriit

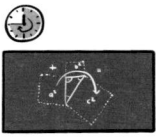

mācību stunda

koolitund

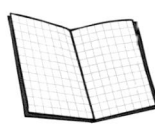

žurnāls

klassipäevik

eksāmens

eksam

liecība

tunnistus

skolas forma

koolivorm

izglītība

haridus

enciklopēdija

entsüklopeedia

universitāte

ülikool

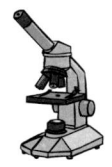

mikroskops

mikroskoop

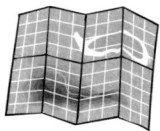

karte

kaart

papīrgrozs

paberikorv

viesnīca
hotell

hostelis
hostel

valūtas maiņas punkts
valuutavahetuspunkt

ROOMS

EXCHANGE

čemodāns
kohver

automašīna
auto

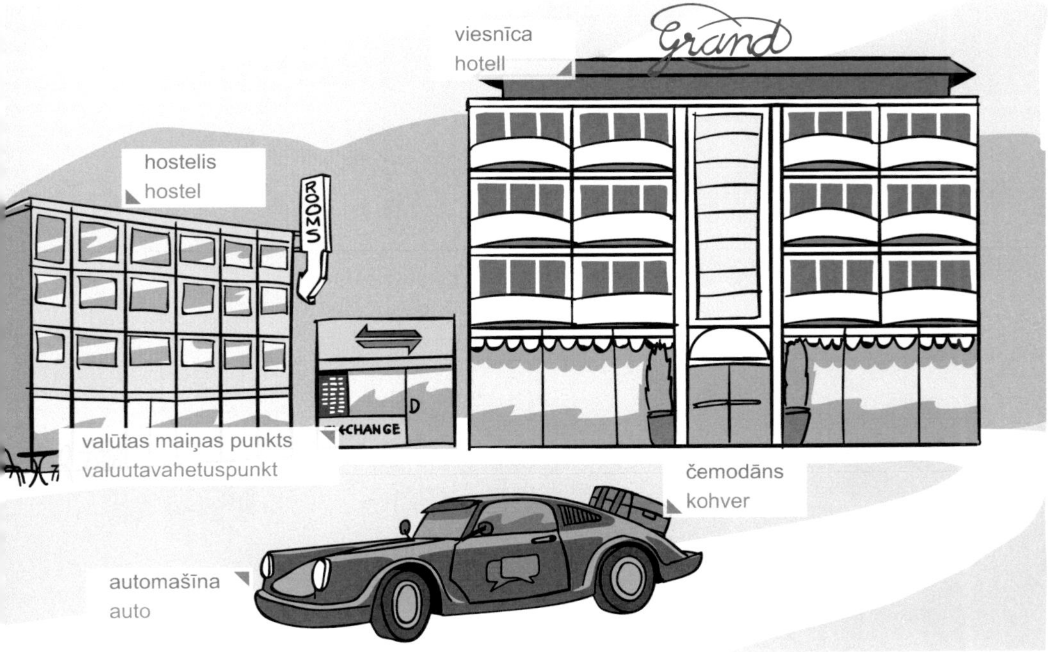

Valoda

keel

jā / nē

jah / ei

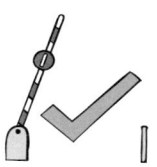

Okay

okei

Sveiki!

Tere!

tulks

tõlk

paldies

Aitäh!

Cik maksā...?

Kui palju maksab ...?

Es nesaprotu

Ma ei saa aru

problēma

probleem

Labvakar!

Tere õhtust!

Labrīt!

Tere hommikust!

Ar labu nakti!

Head ööd!

Uz redzēšanos

Head aega!

virziens

suund

bagāža

pagas

soma

kott

mugursoma

seljakott

viesis

külaline

istaba

tuba

guļammaiss

magamiskott

telts

telk

tūrisma informācija
turismiinfo

pludmale
rand

kredītkarte
krediitkaart

brokastis
hommikusöök

pusdienas
lõunasöök

vakariņas
õhtusöök

biļete
pilet

lifts
lift

pastmarka
postmark

robeža
riigipiir

muita
toll

vēstniecība
saatkond

vīza
viisa

pase
pass

ceļojums - reisimine

transports
transport

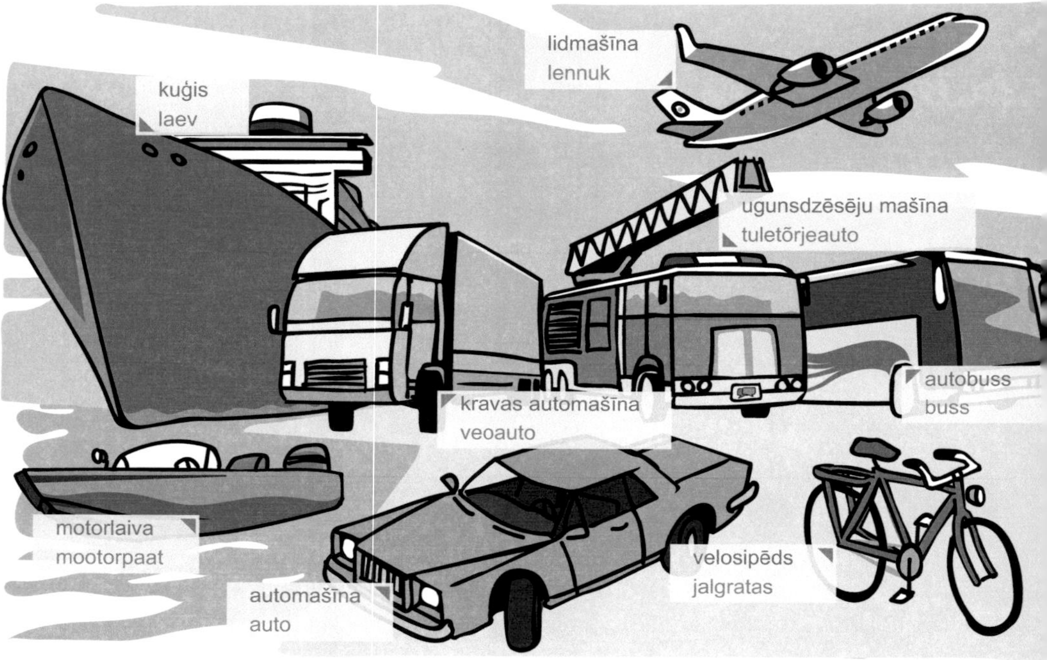
lidmašīna
lennuk
kuģis
laev
ugunsdzēsēju mašīna
tuletõrjeauto
autobuss
buss
kravas automašīna
veoauto
motorlaiva
mootorpaat
velosipēds
jalgratas
automašīna
auto

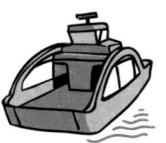

prāmis

praam

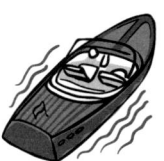

laiva

paat

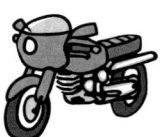

motocikls

mootorratas

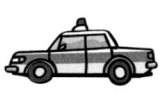

policijas automašīna

politseiauto

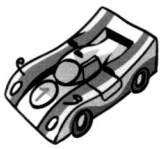

sacīkšu automobilis

võidusõiduauto

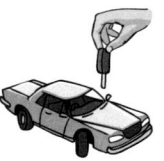

nomas auto

rendiauto

auto koplietošana

ühisauto

evakuators

puksiirauto

atkritumu mašīna

prügiauto

dzinējs

mootor

benzīns

kütus

degvielas uzpildes stacija

tankla

ceļa zīme

liiklusmärk

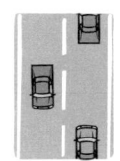

satiksme

liiklus

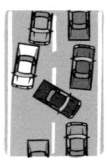

sastrēgums

liiklusummik

stāvvieta

parkla

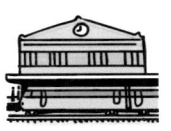

dzelzceļa stacija

raudteejaam

sliedes

rööpad

vilciens

rong

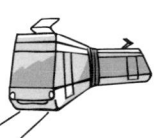

tramvajs

tramm

vagons

vagun

helikopters

helikopter

lidosta

lennujaam

tornis

torn

pasažieris

reisija

konteiners

konteiner

kaste

pappkast

ratiņi

käru

grozs

korv

pacelties / nosēsties

õhku tõusma / maanduma

pilsēta
linn

ciems

küla

pilsētas centrs

kesklinn

māja

maja

kinoteātris
kino

reklāma
reklaam

laterna
tänavalatern

iela
tänav

taksometrs
takso

kiosks
kiosk

gājējs
jalakäija

CINEMA

trotuārs
kõnnitee

krustojums
ristmik

gājēju pāreja
ülekäigurada

atkritumu tvertne
prügikonteiner

luksofors
valgusfoor

būda
osmik

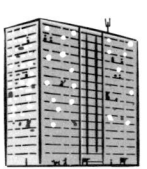

dzīvoklis
kortermaja

dzelzceļa stacija
raudteejaam

rātsnams
raekoda

muzejs
muuseum

skola
kool

universitāte

ülikool

banka

pank

slimnīca

haigla

viesnīca

hotell

aptieka

apteek

birojs

kontor

grāmatnīca

raamatupood

veikals

kauplus

ziedu veikals

lillepood

lielveikals

supermarket

tirgus

turg

tirdzniecības centrs

kaubamaja

zivju tirgotājs

kalapood

tirdzniecības centrs

kaubanduskeskus

osta

sadam

parks

park

sols

pink

tilts

sild

kāpnes

trepp

metro

metroo

tunelis

tunnel

autobusa pieturvieta

bussipeatus

bārs

baar

restorāns

restoran

pastkastīte

postkast

ielas nosaukuma plāksne

tänavasilt

stāvlaika skaitītājs

parkimisautomaat

zooloģiskais dārzs

loomaaed

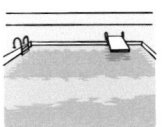

peldbaseins

ujula

mošeja

mošee

zemnieku saimniecība
....
talu

vides piesārņojums
....
reostus

kapsēta
....
surnuaed

baznīca
....
kirik

spēļu laukums
....
mänguväljak

templis
....
tempel

ainava
maastik

lapa
leht

ceļrādis
teeviit

ceļš
tee

pļava
aas

akmens
kivi

ceļotājs
matkaja

koks
puu

upe
jõgi

zāle
rohi

puķe
lill

ieleja

org

kalns

mägi

ezers

järv

mežs

mets

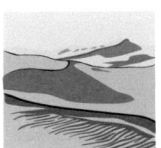

tuksnesis

kõrb

vulkāns

vulkaan

pils

linnus

varavīksne

vikerkaar

sēne

seen

palma

palm

moskīts

sääsk

muša

kärbes

skudra

sipelgas

bite

mesilane

zirneklis

ämblik

vabole

mardikas

varde

konn

vāvere

orav

ezis

siil

zaķis

jänes

pūce

öökull

putns

lind

gulbis

luik

meža cūka

metssiga

briedis

hirv

alnis

põder

aizsprosts

pais

vēja ģenerators

tuuleturbiin

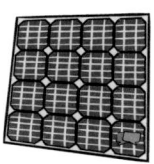

saules baterija

päikesepaneel

klimats

kliima

restorāns
restoran

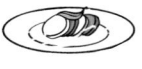

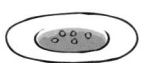

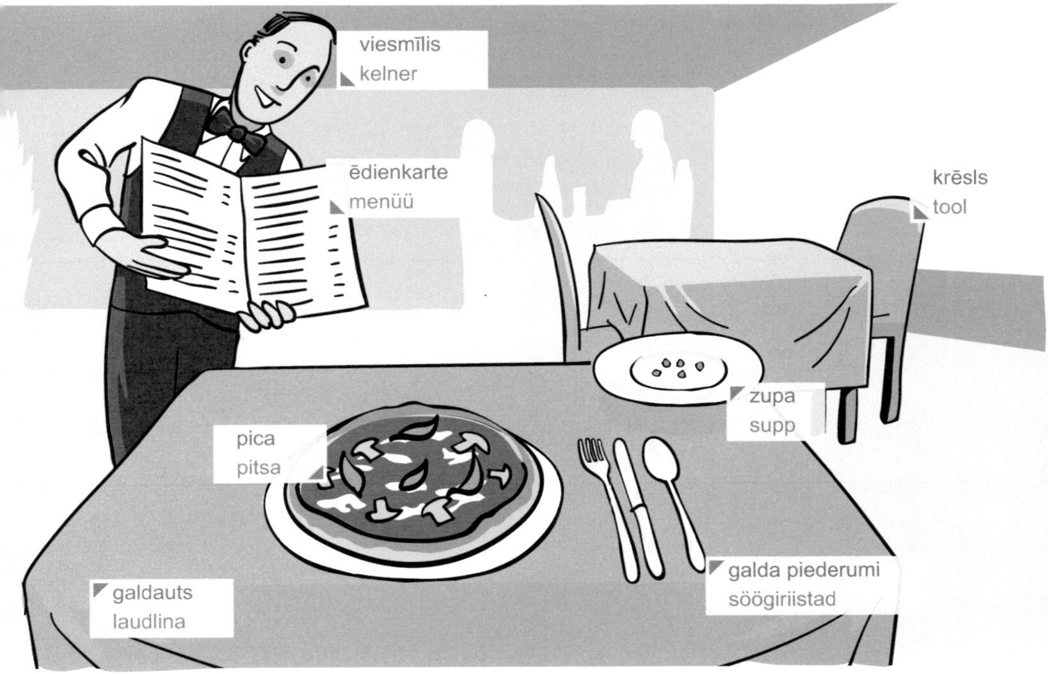
viesmīlis
kelner
ēdienkarte
menüü
krēsls
tool
zupa
supp
pica
pitsa
galdauts
laudlina
galda piederumi
söögiriistad

uzkoda

eelroog

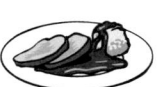

pamatēdiens

pearoog

deserts

magustoit

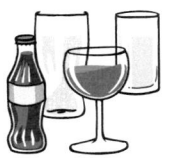

dzērieni

joogid

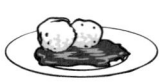

ēdiens

toit

pudele

pudel

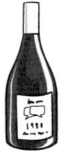

ātrās uzkodas

kiirtoit

ielu uzkodas

tänavatoit

tējkanna

teekann

cukurtrauks

suhkrutoos

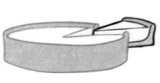

porcija

portsjon

espresso kafijas automāts

espressomasin

bāra krēsls

lastetool

rēķins

arve

paplāte

kandik

nazis

nuga

dakša

kahvel

karote

lusikas

tējkarote

teelusikas

salvete

salvrätik

glāze

klaas

šķīvis

taldrik

zupas šķīvis

supitaldrik

apakštase

alustass

mērce

kaste

sāls trauciņš

soolatoos

piparu dzirnaviņas

pipraveski

etiķis

äädikas

eļļa

õli

garšvielas

vürtsid

kečups

ketšup

sinepes

sinep

majonēze

majonees

restorāns - restoran

lielveikals
supermarket

piedāvājums
eripakkumine
FOR
klients
klient
piena produkti
piimatooted
augļi
puuviljad
iepirkumu ratiņi
ostukäru

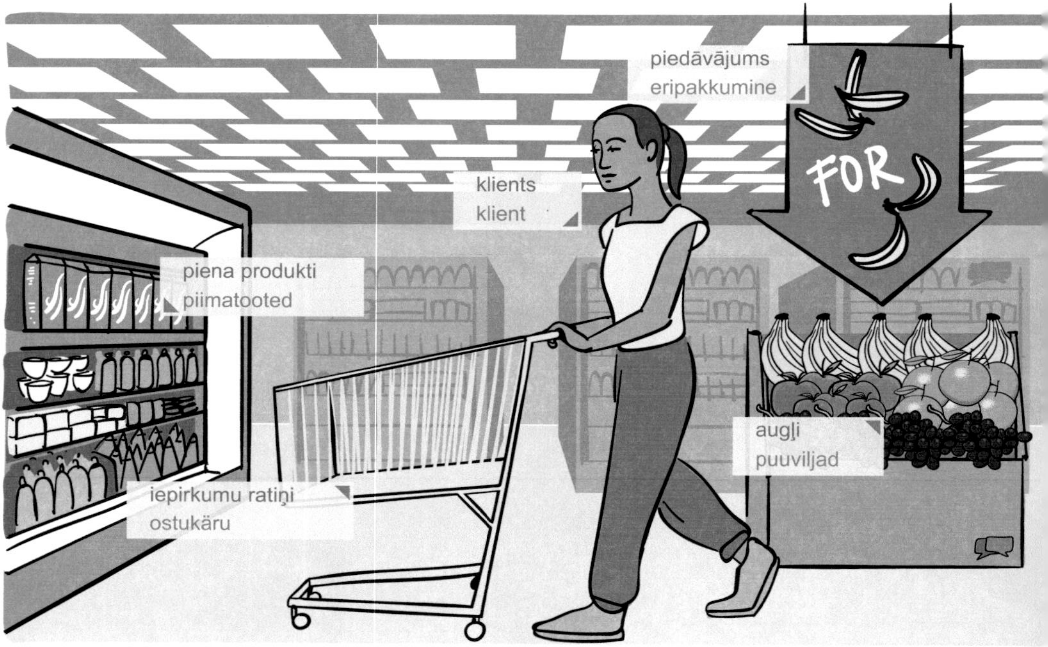

BUTCHERS

kautuve

lihapood

BAKERY

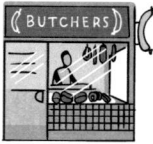

maizes veikals

pagariäri

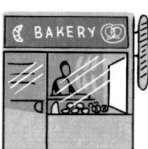

svērt

kaaluma

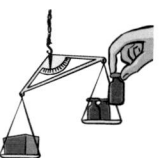

dārzeņi

köögiviljad

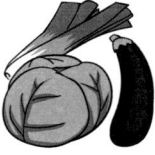

gaļa

liha

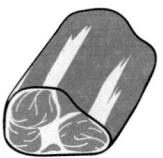

saldēti produkti

külmutatud toit

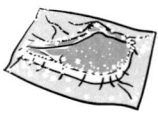

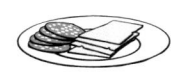

aukstās gaļas uzkodas

lihalõigud

konservi

konservid

pulveris

pesupulber

saldumi

maiustused

mājsaimniecības preces

majatarbed

tīrīšanas līdzeklis

puhastustooted

pārdevēja

müüja

kase

kassaaparaat

kasieris

kassapidaja

iepirkumu saraksts

ostunimekiri

darba laiks

lahtiolekuajad

maks

rahakott

kredītkarte

krediitkaart

soma

kott

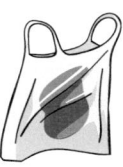

maisiņš

kilekott

ūdens

vesi

sula

mahl

piens

piim

kola

koola

vīns

vein

alus

õlu

alkohols

alkohol

kakao

kakao

tēja

tee

kafija

kohv

espresso

espresso

kapučīno

cappuccino

banāns

banaan

ābols

õun

apelsīns

apelsin

melone

arbuus

citrons

sidrun

burkāns

porgand

ķiploks

küüslauk

bambuss

bambus

sīpols

sibul

sēne

seen

rieksti

pähklid

makaroni

nuudlid

spageti

spagetid

rīsi

riis

salāti

salat

frī kartupeļi

friikartulid

cepti kartupeļi

praekartulid

pica

pitsa

hamburgers

hamburger

sviestmaize

võileib

šnicele

šnitsel

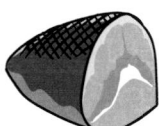

šķiņķis

sink

salami

salaami

desa

vorst

vista

kana

cepetis

praeliha

zivs

kala

auzu pārslas

kaerahelbed

muslis

müsli

brokastu pārslas

maisihelbed

milti

jahu

radziņš

sarvesai

brokastu maizītes

kukkel

maize

leib

tostermaize

röstsai

cepumi

küpsised

sviests

või

biezpiens

kohupiim

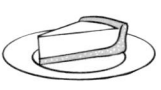

kūka

kook

ola

muna

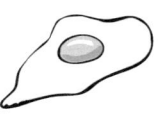

cepta ola

praemuna

siers

juust

ēdiens - toit

saldējums

jäätis

cukurs

suhkur

medus

mesi

marmelāde

moos

riekstu krēms

pähklivõie

karijs

karri

zemnieku saimniecība
talu

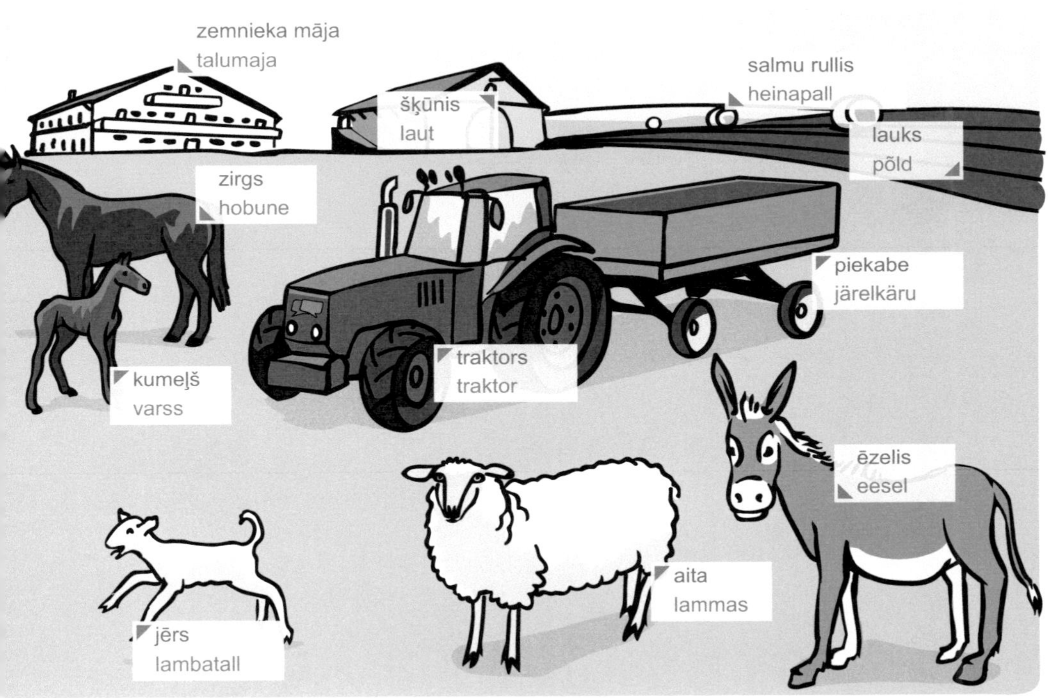

zemnieka māja
talumaja
šķūnis
laut
salmu rullis
heinapall
lauks
põld
zirgs
hobune
piekabe
järelkäru
traktors
traktor
kumeļš
varss
ēzelis
eesel
aita
lammas
jērs
lambatall

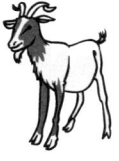

kaza

kits

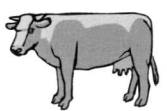

govs

lehm

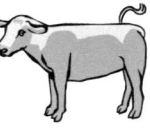

teļš

vasikas

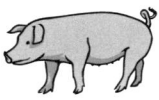

cūka

siga

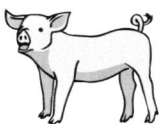

sivēns

põrsas

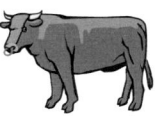

bullis

pull

zoss
hani

pīle
part

cālis
tibu

vista
kana

gailis
kukk

žurka
rott

kaķis
kass

pele
hiir

vērsis
härg

suns
koer

suņa būda
koerakuut

dārza šļūtene
aiavoolik

lejkanna
kastekann

izkapts
vikat

arkls
ader

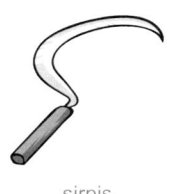

sirpis

sirp

kaplis

kõblas

mēslu dakša

hang

cirvis

kirves

ķerra

käru

sile

küna

piena kanna

piimanõu

maiss

kott

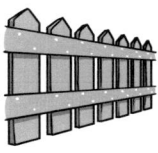

žogs

tara

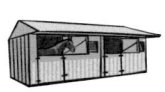

kūts

tall

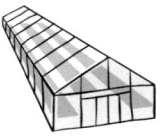

siltumnīca

kasvuhoone

augsne

muld

sēklas

seeme

mēslojums

väetis

kombains

kombain

novākt ražu

saaki koristama

raža

saagikoristus

jamss

jamss

kvieši

nisu

soja

soja

kartupelis

kartul

kukurūza

mais

rapsis

raps

augļu koks

viljapuu

manioka

maniokk

labība

teravili

māja
maja

skurstenis
korsten
jumts
katus
lietus noteka
vihmaveetoru
logs
aken
garāža
garaaž
durvju zvans
uksekell
durvis
uks
atkritumu spainis
prügikast
pastkastīte
postkast
dārzs
aed

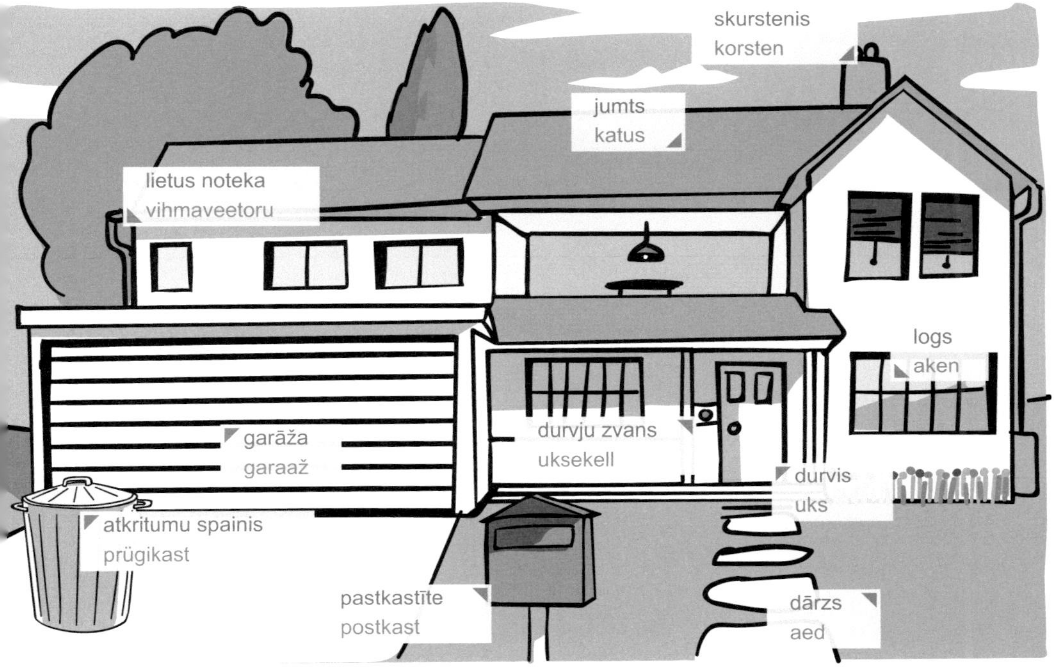

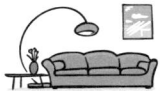

viesistaba

elutuba

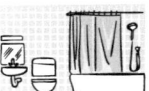

vannas istaba

vannituba

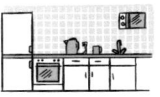

virtuve

köök

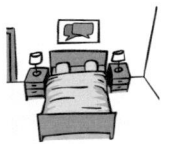

guļamistaba

magamistuba

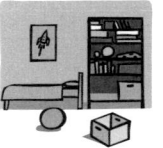

bērnu istaba

lastetuba

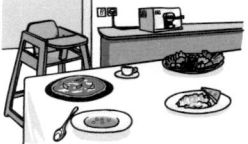

ēdamistaba

söögituba

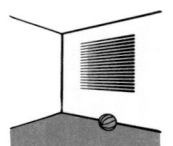

grīda

põrand

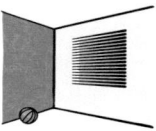

siena

sein

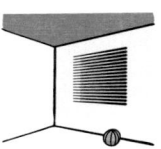

griesti

lagi

pagrabs

kelder

sauna

saun

balkons

rõdu

terase

terrass

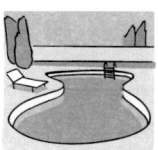

baseins

bassein

zāles pļāvējs

muruniiduk

gultas veļa

voodilina

sega

päevatekk

gulta

voodi

slota

luud

spainis

ämber

slēdzis

lüliti

viesistaba

elutuba

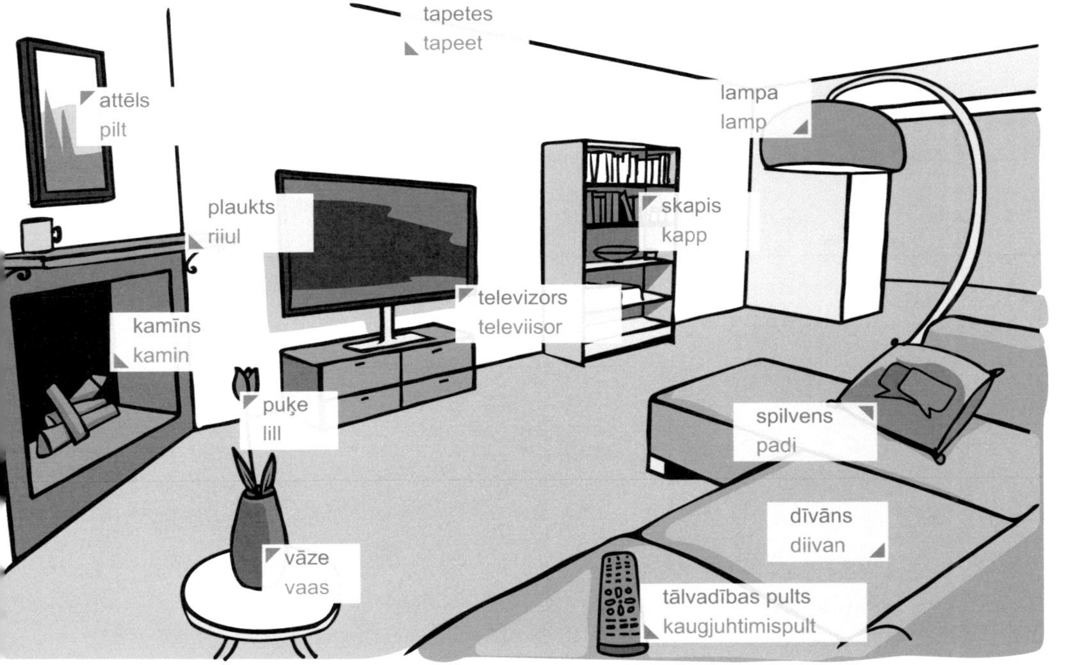
tapetes
tapeet
attēls
pilt
lampa
lamp
plaukts
riiul
skapis
kapp
televizors
televiisor
kamīns
kamin
puķe
lill
spilvens
padi
dīvāns
diivan
vāze
vaas
tālvadības pults
kaugjuhtimispult

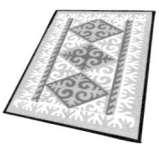

paklājs

vaip

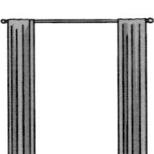

aizkars

kardin

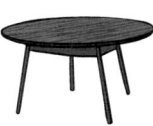

galds

laud

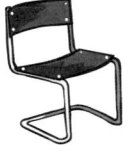

krēsls

tool

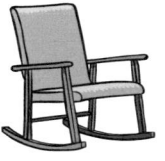

šūpuļkrēsls

kiiktool

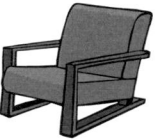

atpūtas krēsls

tugitool

grāmata

raamat

sega

tekk

dekorācija

kaunistus

malka

küttepuud

filma

film

mūzikas centrs

helisüsteem

atslēga

võti

avīze

ajaleht

glezna

maal

plakāts

plakat

radio

raadio

pierakstu blociņš

märkmik

putekļu sūcējs

tolmuimeja

kaktuss

kaktus

svece

küünal

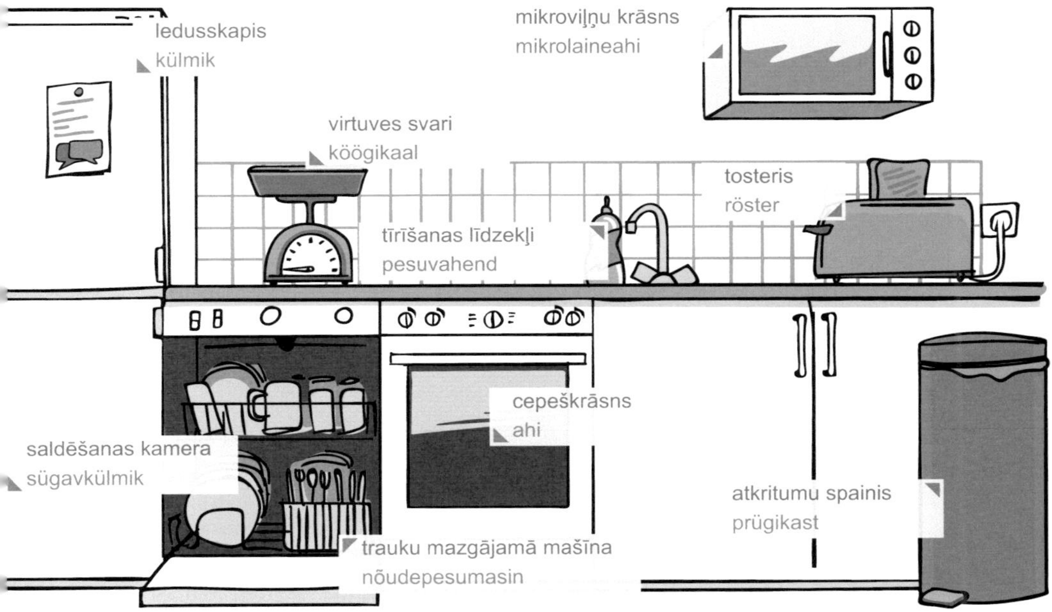

ledusskapis
külmik

mikroviļņu krāsns
mikrolaineahi

virtuves svari
köögikaal

tosteris
röster

tīrīšanas līdzekļi
pesuvahend

cepeškrāsns
ahi

saldēšanas kamera
sügavkülmik

atkritumu spainis
prügikast

trauku mazgājamā mašīna
nõudepesumasin

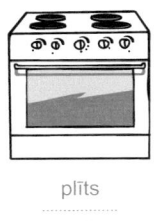

plīts

pliit

pods

pott

katls

malmpott

Wok panna

vokkpann

panna

pann

elektriskā tējkanna

veekeetja

tvaika katls

aurutaja

cepešpanna

küpsetusplaat

trauki

lauanõud

krūze

kruus

bļoda

kauss

irbulīši

söögipulgad

kauss

kulp

lāpstiņa

pannilabidas

putošanas slotiņa

vispel

sietiņš

kurn

siets

sõel

rīve

riiv

piesta

uhmer

grilēt

grill

atklāts pavards

lahtine tuli

dēlis

lõikelaud

mīklas rullis

tainarull

korķu vilķis

korgitser

bundža

konservipurk

konservu nazis

konserviavaja

virtuves cimdi

pajakinnas

izlietne

kraanikauss

birste

hari

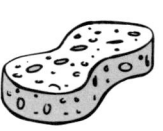

sūklis

pesukäsn

mikseris

kannmikser

saldētava

sügavkülmuti

bērna pudelīte

lutipudel

ūdenskrāns

segisti

virtuve - köök

vannas istaba
vannituba

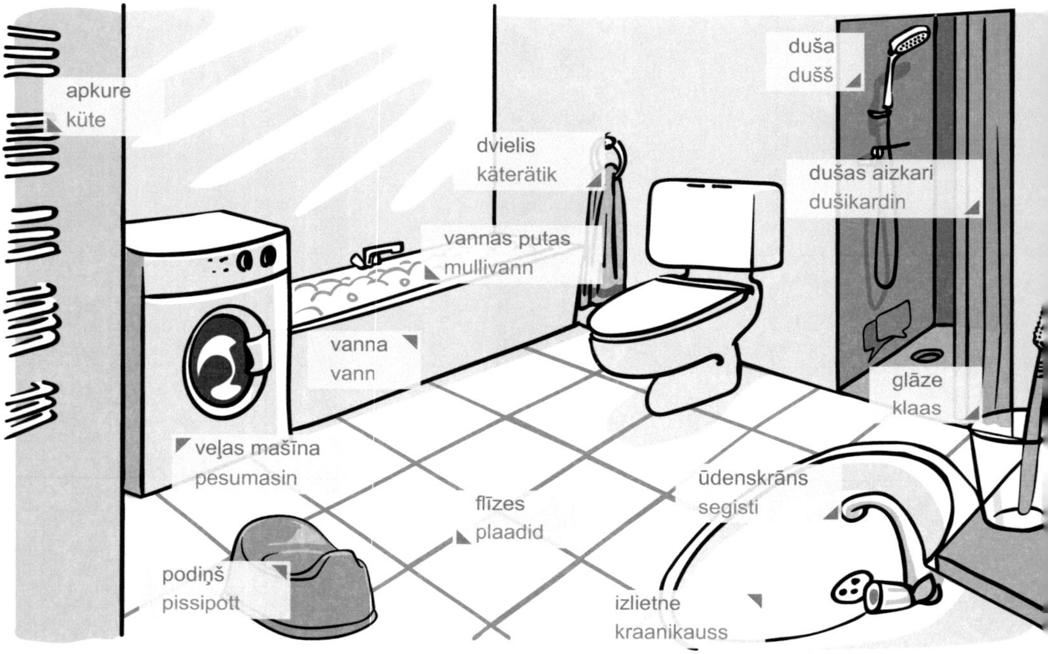

apkure
küte
dvielis
käterätik
duša
dušš
dušas aizkari
dušikardin
vannas putas
mullivann
vanna
vann
glāze
klaas
veļas mašīna
pesumasin
ūdenskrāns
segisti
flīzes
plaadid
podiņš
pissipott
izlietne
kraanikauss

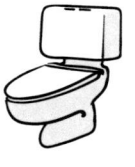

tualetes pods

WC-pott

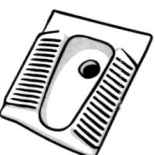

Āzijas tipa tualete

kükitamistualett

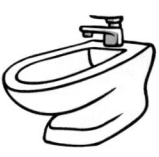

bidē

bidee

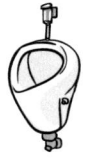

pisuārs

pissuaar

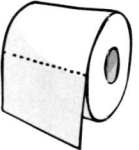

tualetes papīs

tualettpaber

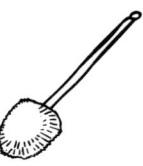

tualetes birste

WC-hari

zobu birste

hambahari

zobu pasta

hambapasta

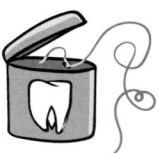

zobu diegs

hambaniit

mazgāt

pesema

rokas duša

käsidušš

duša

intiimdušš

bļoda

pesukauss

muguras mazgāšanas birste

seljahari

ziepes

seep

dušas želeja

dušigeel

šampūns

šampoon

mazgāšanas drāna

vamm

noteka

äravool

krēms

kreem

dezodorants

deodorant

spogulis

peegel

spogulītis

käsipeegel

skuveklis

habemenuga

skūšanās putas

raseerimisvaht

losjons pēc skūšanās

habemevesi

ķemme

kamm

matu suka

hari

matu fēns

föön

matu laka

juukselakk

grima komplekts

meigikomplekt

lūpu krāsa

huulepulk

nagulaka

küünelakk

vate

vatt

šķērītes

küünekäärid

smaržas

parfüüm

kosmētikas maks

tualett-tarvete kott

ķeblītis

taburet

svari

kaal

halāts

hommikumantel

tīrīšanas cimdi

kummikindad

tampons

tampoon

pakete

hügieeniside

ķīmiskā tualete

keemiline tualett

bērnu istaba
lastetuba

modinātājs
äratuskell
mīkstā rotaļlieta
pehme mänguasi
spēļu automašīna
mänguauto
grabulis
kõristi
leļļu māja
nukumaja
dāvana
kingitus

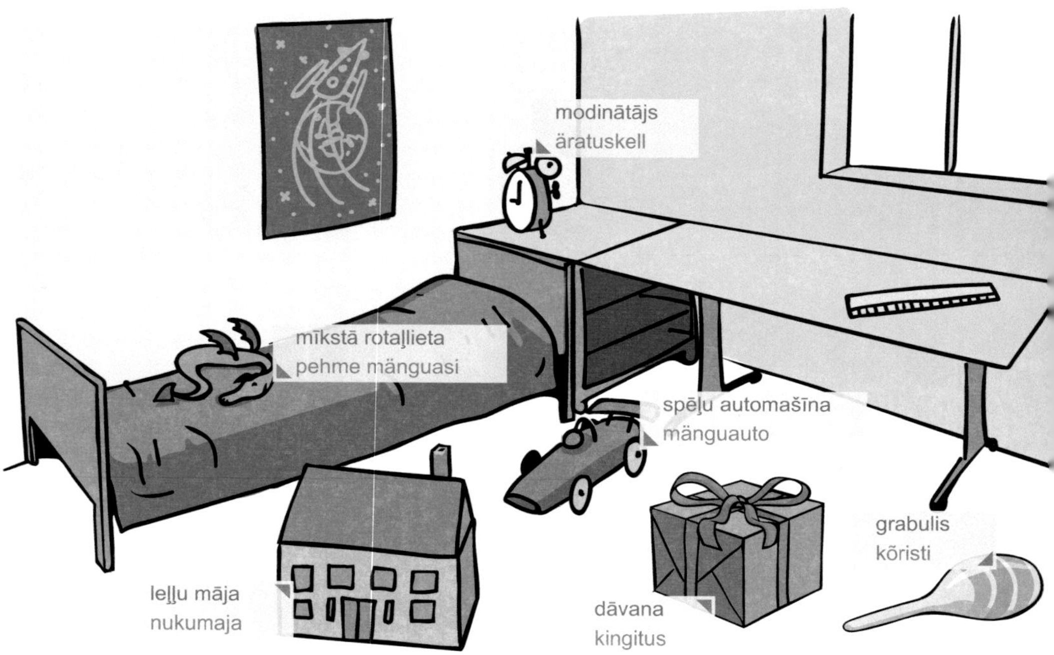

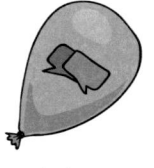

balons
õhupall

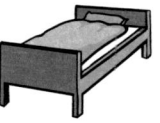

gulta
voodi

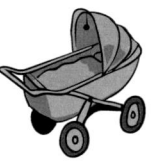

bērnu ratiņi
lapsevanker

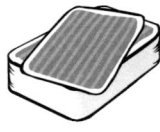

kārtis
kaardipakk

puzle
pusle

SUPER
MEGA

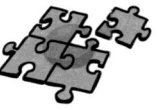

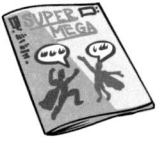

komikss
koomiks

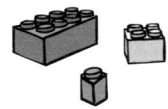

LEGO klucīši

Lego klotsid

klucīši

klotsid

varoņu figūra

kujuke

rāpulītis

siputuspüksid

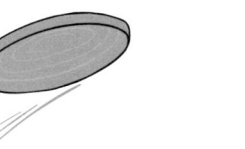

lidojošais šķīvītis

lendav taldrik

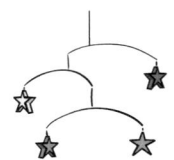

muzikālais karuselis

voodikarussell

galda spēle

lauamäng

metamais kauliņš

täringud

rotaļu dzelzceļš

mudelrong

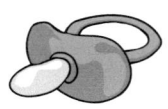

māneklis

lutt

ballīte

pidu

bilžu grāmata

pildiraamat

bumba

pall

lelle

nukk

spēlēt

mängima

smilšu kaste

liivakast

šūpoles

kiik

rotaļlietas

mänguasjad

spēļu konsole

mängukonsool

trīsritenis

kolmerattaline jalgratas

plīša lācītis

mängukaru

drēbju skapis

riidekapp

apģērbs
riietus

īszeķes

sokid

zeķes

sukad

zeķbikses

sukkpüksid

šalle
sall

lietussargs
vihmavari

T-krekls
T-särk

siksna
vöö

zābaks
saapad

čības
sussid

botas
tossud

sandales
sandaalid

kurpes
jalatsid

gumijas zābaki
kummikud

apakšbikses
aluspüksid

krūšturis
rinnahoidja

apakškrekls
vest

bodijs
bodi

bikses
püksid

džinsi
teksapüksid

svārki
seelik

blūze
pluus

krekls
särk

pulovers
sviiter

džemperis
dressipluus

žakete
bleiser

jaka
jakk

mētelis
mantel

lietus mētelis
vihmamantel

kostīms
kostüüm

kleita
kleit

kāzu kleita
pulmakleit

uzvalks

ülikond

naktskrekls

öösärk

pidžama

pidžaama

sari

sari

lakats

pearätt

turbāns

turban

burka

burka

kaftāns

kaftan

abaja

abayah

peldkostīms

ujumistrikoo

peldbikses

ujumispüksid

šorti

lühikesed püksid

treniņtērps

dressid

priekšauts

põll

cimdi

kindad

poga

nööp

brilles

prillid

rokassprādze

käevõru

kaklarota

kaelakee

gredzens

sõrmus

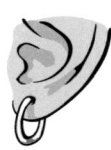

auskars

kõrvarõngas

cepure

nokamüts

drēbju pakaramais

riidepuu

platmale

kaabu

kaklasaite

lips

rāvējslēdzējs

tõmblukk

ķivere

kiiver

bikšturi

traksid

skolas forma

koolivorm

uniforma

vormirõivad

apģērbs - riietus

priekšautiņš

pudipõll

māneklis

lutt

autiņbiksītes

mähe

birojs
kontor

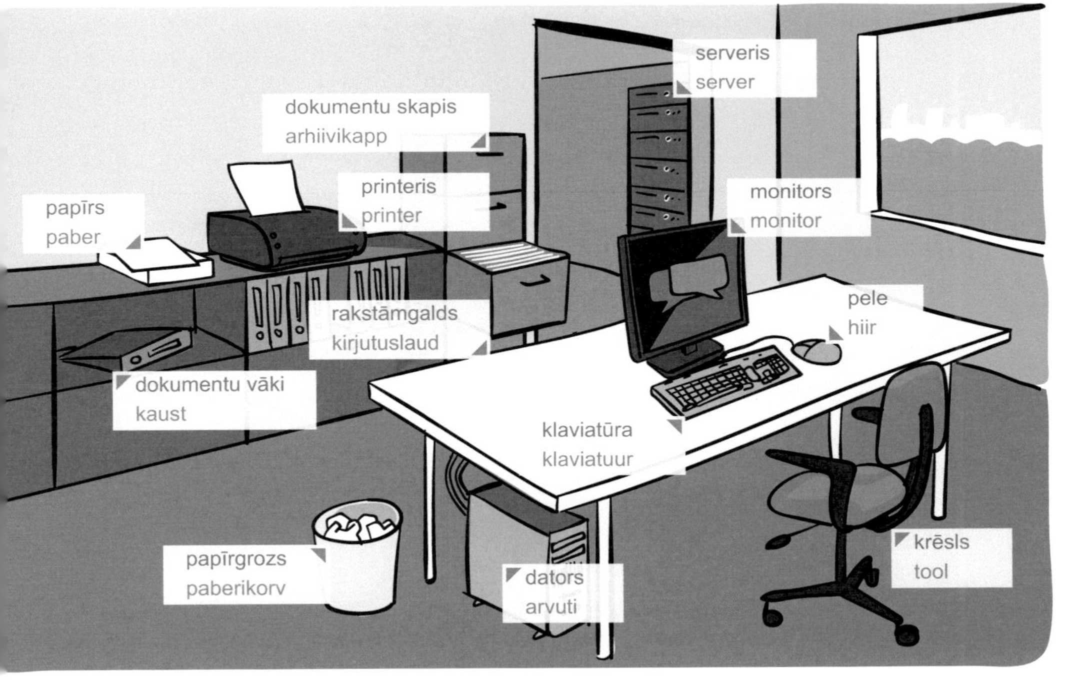

serveris
server

dokumentu skapis
arhiivikapp

printeris
printer

monitors
monitor

papīrs
paber

pele
hiir

rakstāmgalds
kirjutuslaud

dokumentu vāki
kaust

klaviatūra
klaviatuur

krēsls
tool

papīrgrozs
paberikorv

dators
arvuti

kafijas krūze

kohvikruus

kalkulators

kalkulaator

internets

internet

portatīvais dators
....
sülearvuti

vēstule
....
kiri

ziņa
....
sõnum

mobilais tālrunis
....
mobiiltelefon

tīkls
....
võrk

kopētājs
....
koopiamasin

programmatūra
....
tarkvara

telefons
....
telefon

rozete
....
pistikupesa

faksa aparāts
....
faksimasin

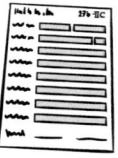

formulārs
....
vorm

dokuments
....
dokument

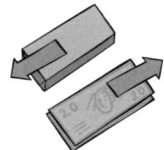

pirkt

ostma

samaksāt

maksma

tirgot

vahetama

nauda

raha

USD

dolārs

dollar

EUR

eiro

euro

JPY

jēna

jeen

RUB

rublis

rubla

CHF

franks

Šveitsi frank

CNY

juaņa renminbi

renminbi jüaan

INR

rūpija

ruupia

bankomāts

sularahaautomaat

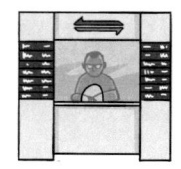

valūtas maiņas punkts

valuutavahetuspunkt

zelts

kuld

sudrabs

hõbe

nafta

nafta

enerģija

energia

cena

hind

līgums

leping

nodoklis

maks

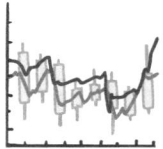

akcija

aktsia

strādāt

töötama

darbinieks

töötaja

darba devējs

tööandja

fabrika

tehas

veikals

kauplus

profesijas
ametid

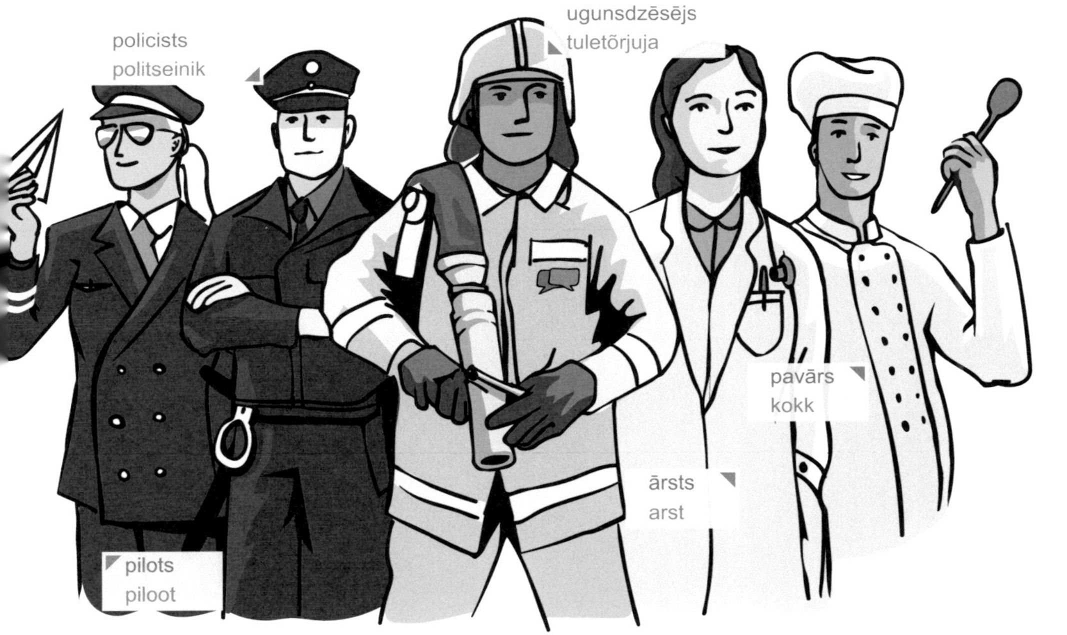
ugunsdzēsējs
tuletõrjuja
policists
politseinik
pavārs
kokk
ārsts
arst
pilots
piloot

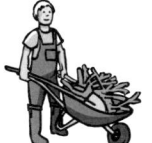

dārznieks

aednik

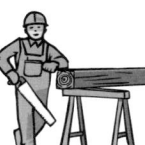

galdnieks

puusepp

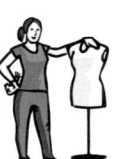

šuvēja

õmbleja

tiesnesis

kohtunik

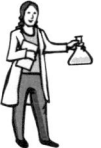

ķīmiķis

keemik

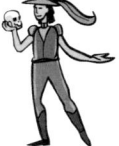

aktieris

näitleja

autobusa vadītājs

bussijuht

taksometra vadītājs

taksojuht

zvejnieks

kalamees

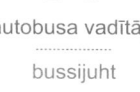

apkopēja

koristaja

jumiķis

katusepaigaldaja

viesmīlis

kelner

mednieks

jahimees

gleznotājs

maaler

maiznieks

pagar

elektriķis

elektrik

celtnieks

ehitaja

inženieris

insener

miesnieks

lihunik

skārdnieks

torumees

pastnieks

postiljon

karavīrs

sõdur

arhitekts

arhitekt

kasieris

kassapidaja

florists

lillemüüja

frizieris

juuksur

konduktors

piletikontrolör

mehāniķis

mehaanik

kapteinis

kapten

zobārsts

hambaarst

zinātnieks

teadlane

rabīns

rabi

imāms

imaam

mūks

munk

mācītājs

preester

instrumenti
tööriistad

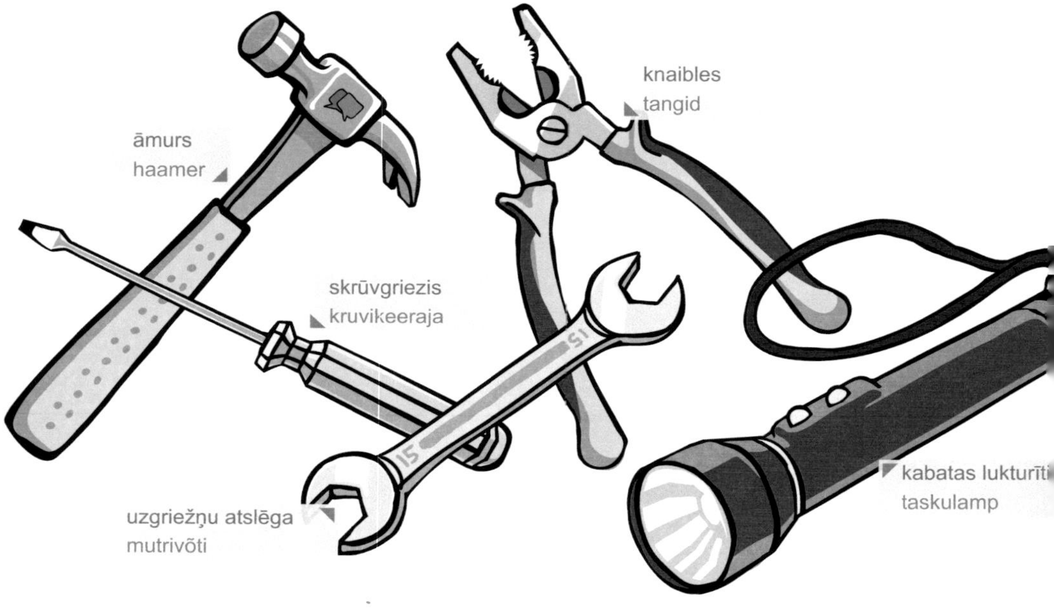
knaibles
tangid
āmurs
haamer
skrūvgriezis
kruvikeeraja
kabatas lukturīti
taskulamp
uzgriežņu atslēga
mutrivõti

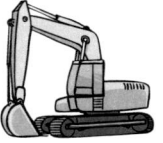

ekskavators

ekskavaator

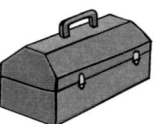

instrumentu kaste

tööriistakast

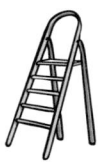

kāpnes

redel

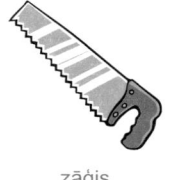

zāģis

saag

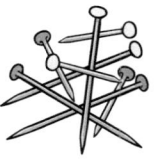

naglas

naelad

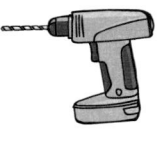

urbis

trell

remontēt

parandama

lāpsta

labidas

Velns!

Põrgusse!

liekšķere

kühvel

krāsas bundža

värvipott

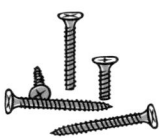

skrūves

kruvid

mūzikas instrumenti
pillid

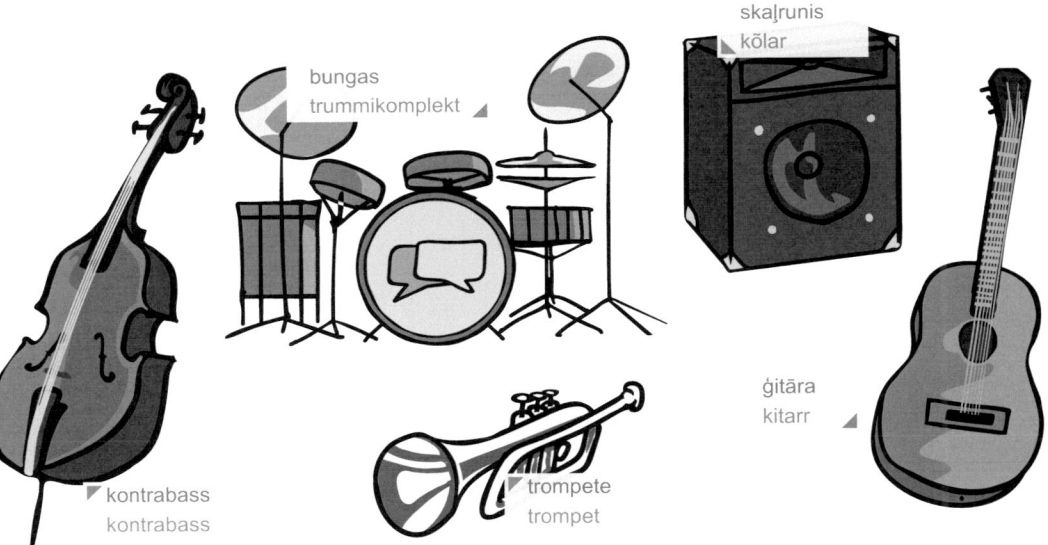

skaļrunis
kõlar

bungas
trummikomplekt

kontrabass
kontrabass

trompete
trompet

ģitāra
kitarr

klavieres

klaver

vijole

viiul

bass

bass

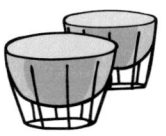

timpāni

timpan

bungas

trummid

digitālās klavieres

süntesaator

saksofons

saksofon

flauta

flööt

mikrofons

mikrofon

zooloģiskais dārzs
loomaaed

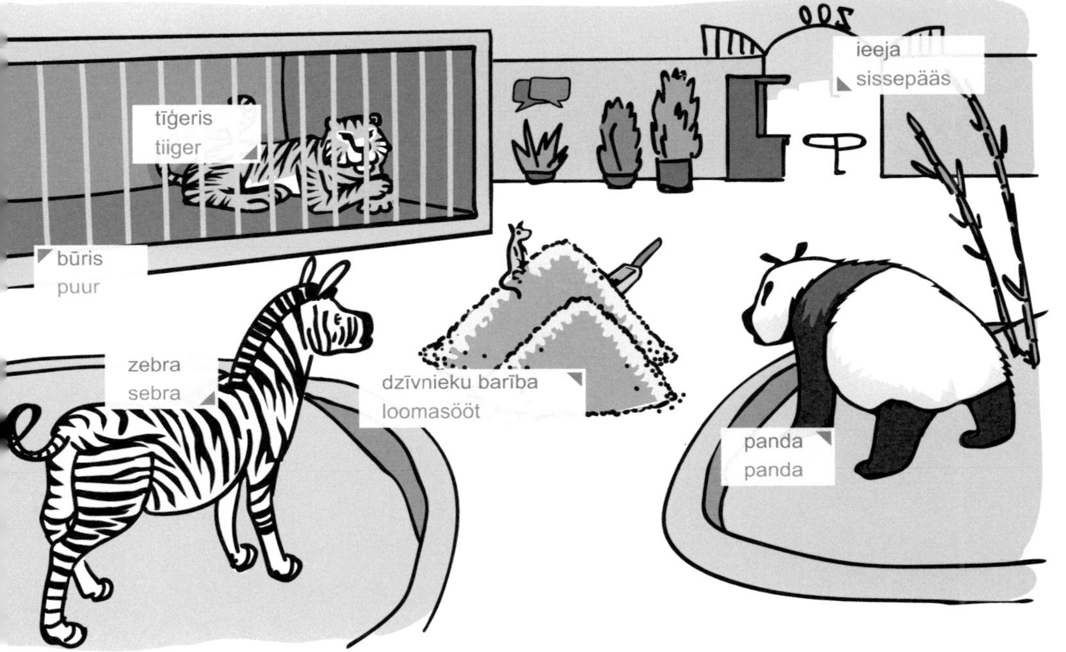
tīģeris
tiiger
ieeja
sissepääs
būris
puur
zebra
sebra
dzīvnieku barība
loomasööt
panda
panda

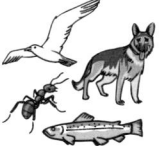

dzīvnieki

loomad

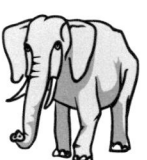

zilonis

elevant

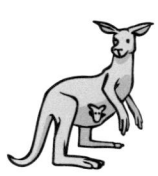

ķengurs

känguru

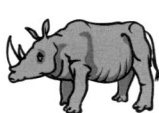

degunradzis

ninasarvik

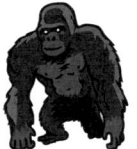

gorilla

gorilla

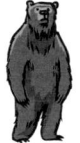

lācis

karu

kamielis

kaamel

strauss

jaanalind

lauva

lõvi

pērtiķis

ahv

flamings

flamingo

papagailis

papagoi

polārlācis

jääkaru

pingvīns

pingviin

haizivs

hai

pāvs

paabulind

čūska

madu

krokodils

krokodill

zoodārza sargs

loomaaiatalitaja

ronis

hüljes

jaguārs

jaaguar

ponijs

poni

leopards

leopard

nīlzirgs

jõehobu

žirafe

kaelkirjak

ērglis

kotkas

meža cūka

metssiga

zivs

kala

bruņurupucis

kilpkonn

valzirgs

morsk

lapsa

rebane

gazele

gasell

amerikāņu futbols
Ameerika jalgpall

riteņbraukšana
jalgrattasõit

teniss
tennis

basketbols
korvpall

peldēšana
ujumine

bokss
poksimine

hokejs
jäähoki

futbols
jalgpall

badmintons
sulgpall

vieglatlētika
kergejõustik

rokas bumba
käsipall

slēpošana
suusataminǝ

polo
polo

smieties
naerma

lēkt
hüppama

apskaut
kallistama

iet
jalutama

dziedāt
laulma

sapņot
unistama

lūgt
palvetama

skūpstīt
suudlema

rakstīt
kirjutama

zīmēt
joonistama

rādīt
näitama

spiest
lükkama

dot
andma

ņemt
võtma

būt
....
omama

darīt
....
tegema

būt
....
olema

stāvēt
....
seisma

skriet
....
jooksma

vilkt
....
tõmbama

mest
....
viskama

krist
....
kukkuma

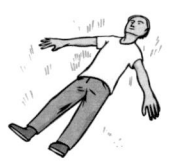

gulēt
....
lamama

gaidīt
....
ootama

nest
....
kandma

sēdēt
....
istuma

uzģērbt
....
riidesse panema

gulēt
....
magama

pamosties
....
ärkama

skatīties

vaatama

raudāt

nutma

glāstīt

paitama

ķemmēt

kammima

runāt

rääkima

saprast

aru saama

jautāt

küsima

dzirdēt

kuulama

dzert

jooma

ēst

sööma

sakārtot

korrastama

mīlēt

armastama

vārīt

süüa tegema

braukt

sõitma

lidot

lendama

burot

purjetama

rēķināt

arvutama

lasīt

lugema

mācīties

õppima

strādāt

töötama

precēties

abielluma

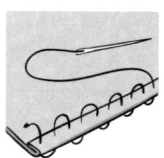

šūt

õmblema

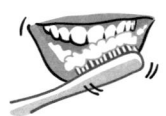

tīrīt zobus

hambaid pesema

nogalināt

tapma

smēķēt

suitsetama

sūtīt

saatma

ģimene
perekond

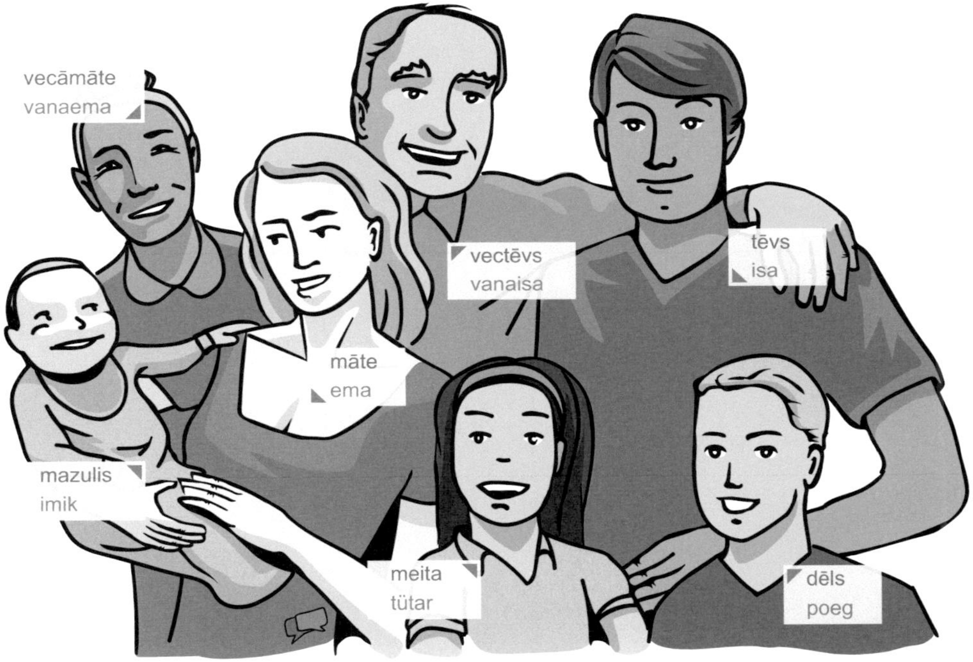

vecāmāte
vanaema
vectēvs
vanaisa
tēvs
isa
māte
ema
mazulis
imik
meita
tütar
dēls
poeg

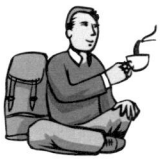

viesis

külaline

tante

tädi

onkulis

onu

brālis

vend

māsa

õde

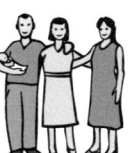

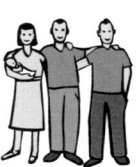

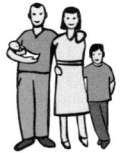

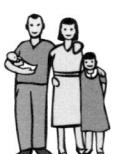

ķermenis
keha

piere
otsmik
acs
silm
plecs
õlg
pirksts
sõrm
seja
nägu
zods
lõug
roka
käsi
krūtis
rind
kāja
jalg
roka
käsivars

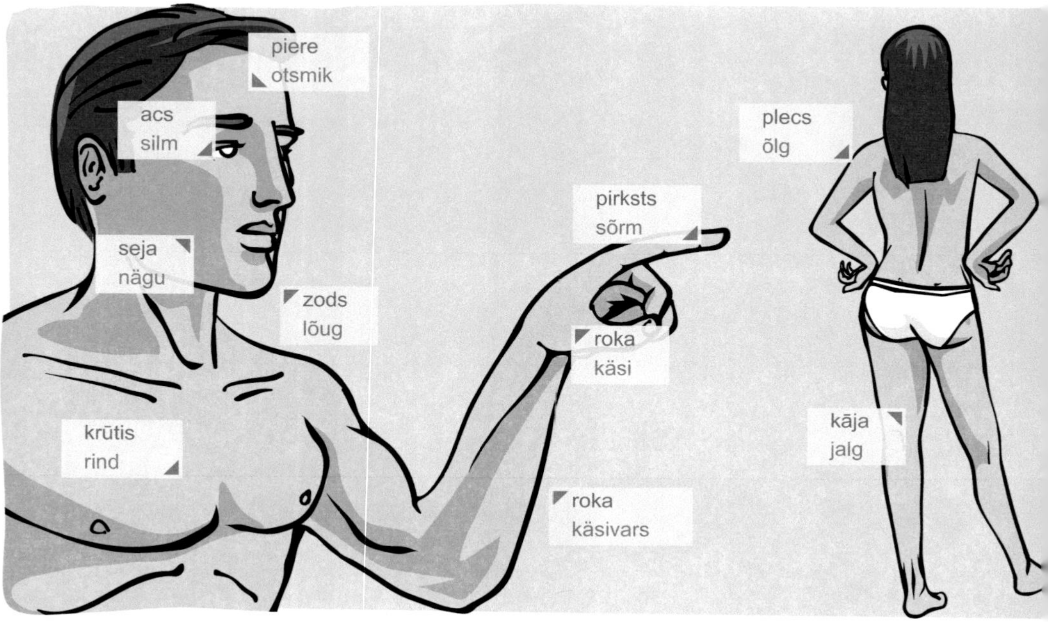

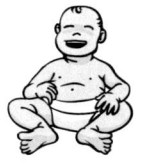

mazulis

imik

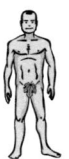

vīrietis

mees

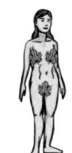

sieviete

naine

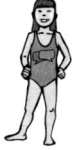

meitene

tüdruk

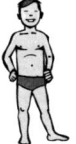

zēns

poiss

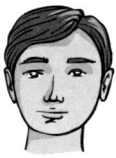

galva

pea

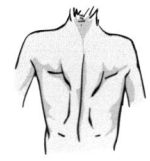

mugura

selg

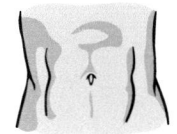

vēders

kõht

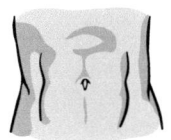

naba

naba

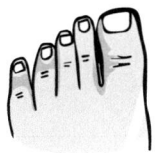

kājas pirksts

varvas

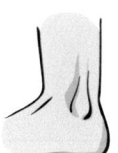

papēdis

kand

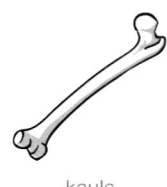

kauls

luu

gurns

puus

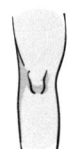

celis

põlv

elkonis

küünarnukk

deguns

nina

dibens

tagumik

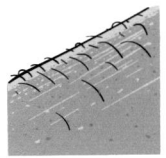

āda

nahk

vaigs

põsk

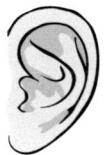

auss

kõrv

lūpa

huuled

ķermenis - keha

mute
suu

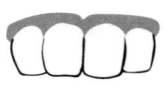

zobs
hammas

mēle
keel

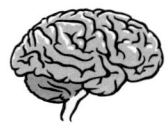

smadzenes
aju

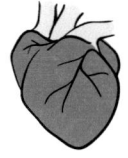

sirds
süda

muskulis
lihas

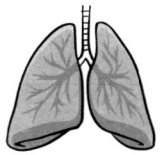

plaušas
kops

aknas
maks

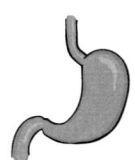

kuņģis
magu

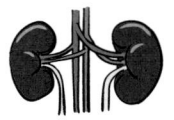

nieres
neerud

dzimumakts
seksuaalvahekord

kondoms
kondoom

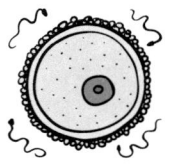

olšūna
munarakk

sperma
sperma

grūtniecība
rasedus

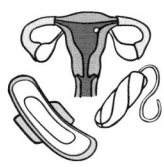

menstruācijas

menstruatsioon

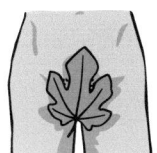

vagīna

vagiina

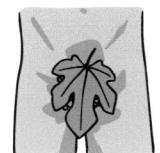

penis

peenis

uzacs

kulm

mati

juuksed

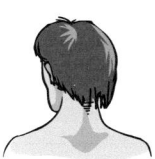

kakls

kael

ķermenis - keha

slimnīca
haigla

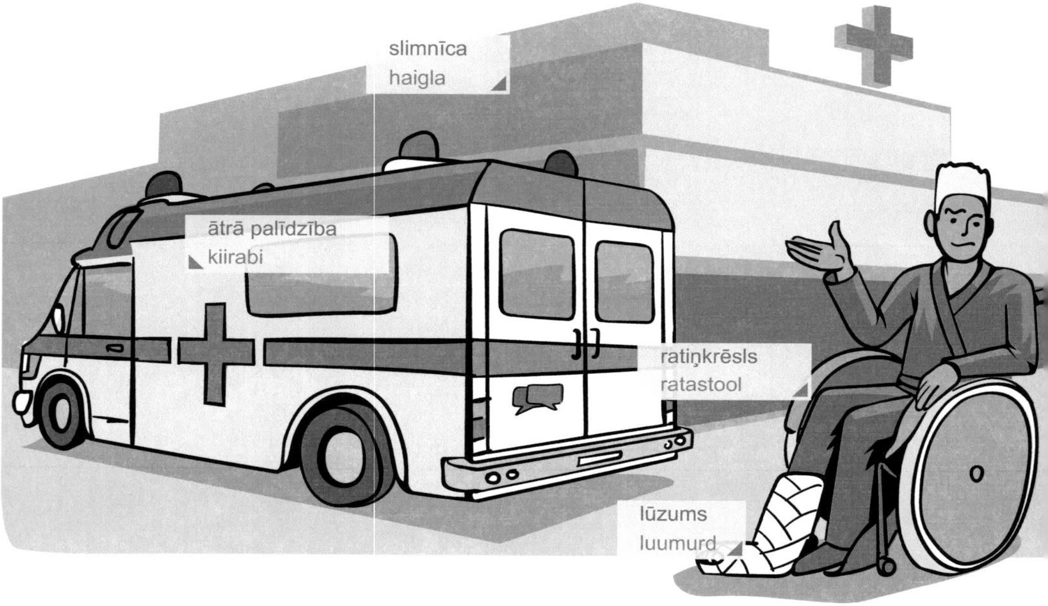

slimnīca
haigla
ātrā palīdzība
kiirabi
ratiņkrēsls
ratastool
lūzums
luumurd

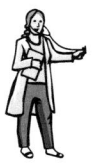

ārsts

arst

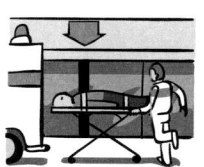

neatliekamās palīdzības nodaļa

traumapunkt

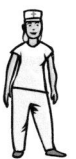

medmāsa

meditsiiniõde

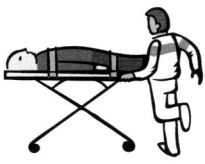

ārkārtas gadījums

hädaolukord

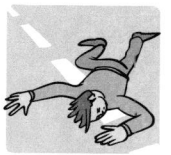

paģībis

teadvuseta

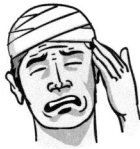

sāpes

valu

ievainojums

vigastus

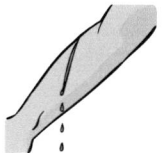

asiņošana

verejooks

sirdslēkme

südamerabandus

insults

insult

alerģija

allergia

klepus

köha

temperatūra

palavik

gripa

gripp

caureja

kõhulahtisus

galvassāpes

peavalu

vēzis

vähk

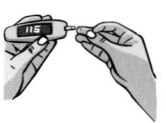

diabēts

diabeet

ķirurgs

kirurg

skalpelis

skalpell

operācija

operatsioon

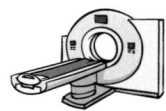

datortomogrāfija
KT

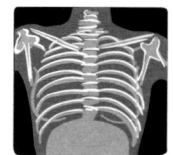

rentgents
röntgen

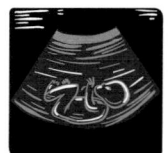

ultraskaņa
ultraheli

sejas maska
mask

slimība
haigus

uzgaidāmā telpa
ooteruum

kruķis
kark

plāksteris
kips

apsējs
side

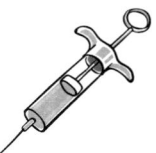

injekcija
süst

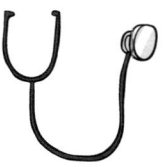

stetoskops
stetoskoop

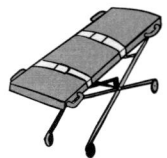

nestuves
kanderaam

termometrs
kraadiklaas

dzemdības
sünd

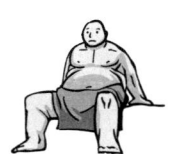

liekais svars
ülekaaluline

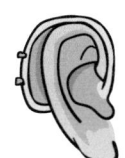

dzirdes aparāts

kuuldeaparaat

dezinfekcijas līdzeklis

desinfektsioonivahend

infekcija

põletik

vīruss

viirus

HIV / AIDS

HIV / AIDS

zāles

meditsiin

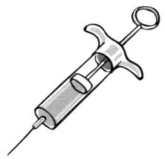

pote

vaktsineerimine

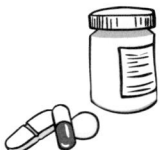

tabletes

tabletid

pretapaugļošanās tablete

pill

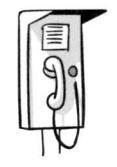

ārkārtas izsaukums

hädaabikõne

asinsspiediena mērītājs

vererõhuaparaat

slims / vesels

haige / terve

Palīgā!

Appi!

trauksme

häire

uzbrukums

kallaletung

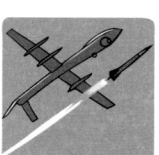

uzbrukums

rünnak

bīstamība

oht

avārijas izeja

avariiväljapääs

Uguns!

Tulekahju!

ugunsdzēšamais aparāts

tulekustuti

negadījums

õnnetus

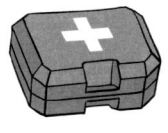

pirmās palīdzības aptieciņa

esmaabikomplekt

SOS

SOS

policija

politsei

Eiropa

Euroopa

Ziemeļamerika

Põhja-Ameerika

Dienvidamerika

Lõuna-Ameerika

Āfrika

Aafrika

Āzija

Aasia

Austrālija

Austraalia

Atlantijas okeāns

Atlandi ookean

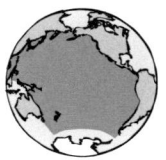

Klusais okeāns

Vaikne ookean

Indijas okeāns

India ookean

Dienvidu okeāns

Lõuna-Jäämeri

Ziemeļu ledus okeāns

Põhja-Jäämeri

Ziemeļpols

põhjapoolus

Dienvidpols

lõunapoolus

Antarktika

Antarktika

zeme

Maa

zeme

maismaa

jūra

meri

sala

saar

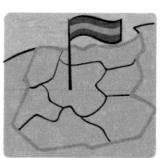

nācija

rahvus

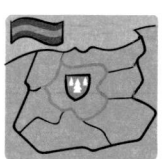

valsts

riik

ciparnīca

sihverplaat

stundu rādītājs

tunniosuti

minūšu rādītājs

minutiosuti

sekunžu rādītājs

sekundiosuti

Cik ir pulkstenis?

Mis kell on?

diena

päev

laiks

aeg

tagad

praegu

digitālais pulkstenis

digitaalne kell

minūte

minut

stunda

tund

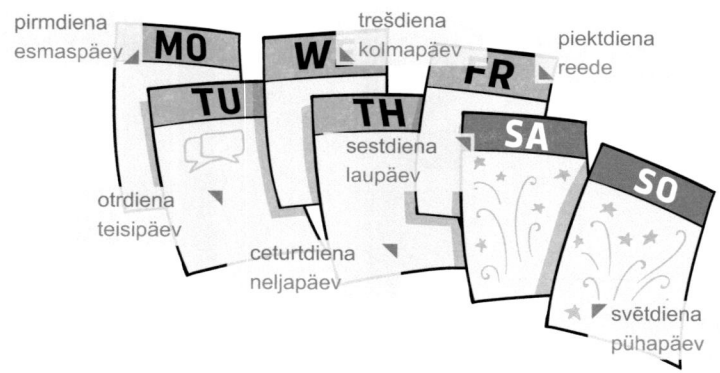

pirmdiena
esmaspäev

otrdiena
teisipäev

trešdiena
kolmapäev

ceturtdiena
neljapäev

piektdiena
reede

sestdiena
laupäev

svētdiena
pühapäev

vakardien

eile

šodien

täna

rītdien

homme

rīts

hommik

pusdienlaiks

lõuna

vakars

õhtu

MO	TU	WE	TH	FR	SA	SU
1	2	3	4	5	6	7
8	9	10	11	12	13	14
15	16	17	18	19	20	21
22	23	24	25	26	27	28
29	30	31	1	2	3	4

darbadienas

tööpäevad

MO	TU	WE	TH	FR	SA	SU
1	2	3	4	5	6	7
8	9	10	11	12	13	14
15	16	17	18	19	20	21
22	23	24	25	26	27	28
29	30	31	1	2	3	4

brīvdienas

nädalavahetus

gads
aasta

lietus
vihm
varavīksne
vikerkaar
sniegs
lumi
vējš
tuul
pavasaris
kevad
rudens
sügis
vasara
suvi
ziema
talv

4.APRIL 11°
5.APRIL 4°
6.APRIL 13°
7.APRIL 8°
8.APRIL 10°

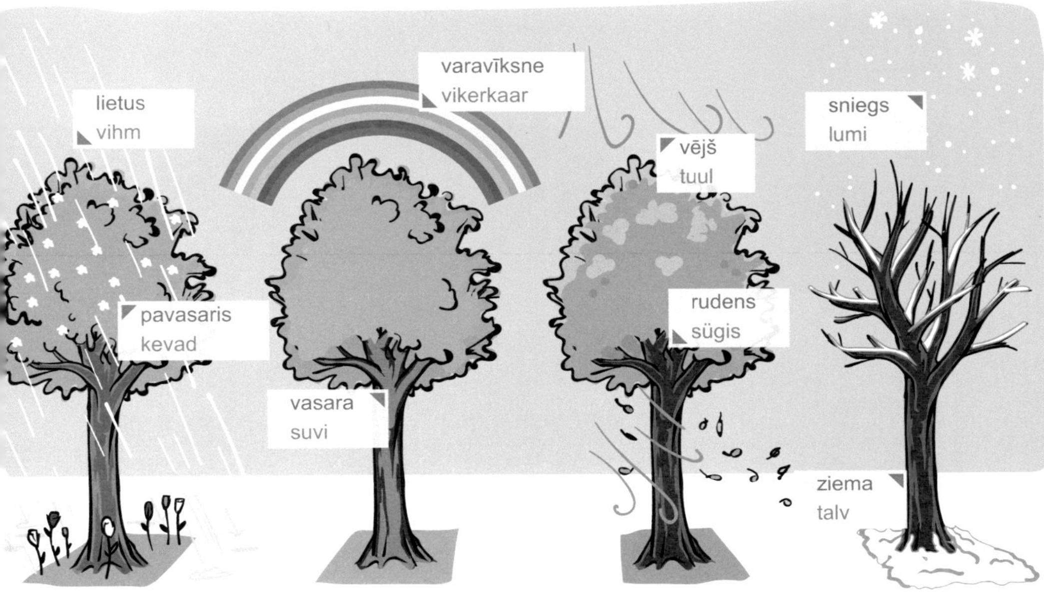

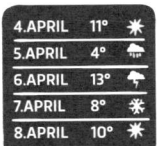

laika prognoze

ilmaennustus

F C
120 40
90 30
60 20
30 10
0 0
-30 -10
-20

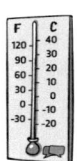

termometrs

termomeeter

saules gaisma

päikesepaiste

mākonis

pilv

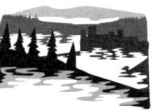

migla

udu

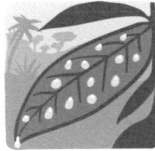

gaisa mitrums

niiskus

zibens

pikne

pērkons

kõu

vētra

torm

krusa

rahe

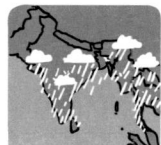

musons

mussoon

plūdi

üleujutus

ledus

jää

janvāris

jaanuar

februāris

veebruar

marts

märts

aprīlis

aprill

maijs

mai

jūnijs

juuni

jūlijs

juuli

augusts

august

septembris
....
september

oktobris
....
oktoober

novembris
....
november

decembris
....
detsember

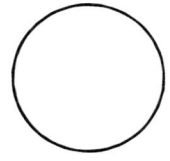

aplis
....
ring

kvadrāts
....
ruut

četrstūris
....
nelinurk

trīsstūris
....
kolmnurk

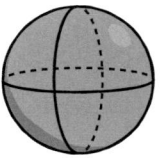

lode
....
kera

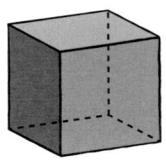

kubs
....
kuup

balts
valge

dzeltens
kollane

oranžs
oranž

sārts
roosa

sarkans
punane

lillā
lilla

zils
sinine

zaļš
roheline

brūns
pruun

pelēks
hall

melns
must

daudz / maz

palju / vähe

saniknots / miermīlīgs

vihane / rahulik

skaists / neglīts

ilus / inetu

sākums / beigas

algus / lõpp

liels / mazs

suur / väike

gaišs / tumšs

hele / tume

brālis / māsa

vend / õde

tīrs / netīrs

puhas / must

pilnīgs / nepilnīgs

täielik / puudulik

diena / nakts

päev / öö

miris / dzīvs

surnud / elus

plats / šaurs

lai / kitsas

baudāms / nebaudāms

söödav / mittesöödav

nikns / laipns

kuri / sõbralik

satraukts / garlaikots

põnevil / tüdinud

resns / tievs

paks / peenike

pirmais /pēdējais

esimene / viimane

draugs / ienaidnieks

sõber / vaenlane

pilns / tukšs

täis / tühi

ciets / mīksts

kõva / pehme

smags / viegls

raske / kerge

izsalkums / slāpes

nälg / janu

slims / vesels

haige / terve

nelegāls / legāls

ebaseaduslik / seaduslik

inteliģents / dumjš

tark / rumal

kreisais / labais

vasak / parem

tuvu / tālu

lähedal / kaugel

jauns / lietots
uus / kasutatud

nekas / kaut kas
mitte midagi / midagi

vecs / jauns
vana / noor

ieslēgts / izslēgts
sees / väljas

atvērts / slēgts
lahti / kinni

kluss / skaļš
vaikne / vali

bagāts / nabags
rikas / vaene

pareizi / nepareizi
õige / vale

raupjš / gluds
kare / sile

noskumis / laimīgs
kurb / rõõmus

īss / garš
lühike / pikk

lēns / ātrs
aeglane / kiire

slapjš / sauss
märg / kuiv

silts / vēss
soe / jahe

karš / miers
sõda / rahu

0

nulle

null

1

viens

üks

2

divi

kaks

3

trīs

kolm

4

četri

neli

5

pieci

viis

6

seši

kuus

7

septiņi

seitse

8

astoņi

kaheksa

9

deviņi

üheksa

10

desmit

kümme

11

vienpadsmit

üksteist

12

divpadsmit

kaksteist

13

trīspadsmit

kolmteist

14

četrpadsmit

neliteist

15

piecpadsmit

viisteist

16

sešpadsmit

kuusteist

17

septiņpadsmit

seitseteist

18

astoņpadsmit

kaheksateist

19

deviņpadsmit

üheksateist

20

divdesmit

kakskümmend

100

simts

sada

1.000

tūkstotis

tuhat

1.000.000

miljons

miljon

angļu

inglise

amerikāņu angļu

Ameerika inglise

ķīniešu mandarīnu valoda

mandariini

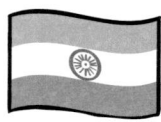

hindi

hindi

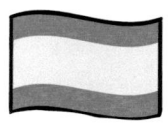

spāņu

hispaania

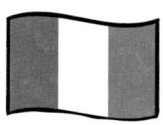

franču

prantsuse

arābu

araabia

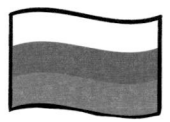

krievu

vene

portugāļu

portugali

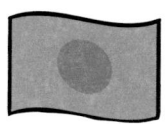

bengāļu

bengali

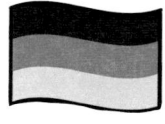

vācu

saksa

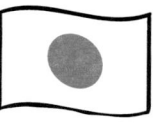

japāņu

jaapani

es
mina

tu
sina

viņš / viņa
tema

mēs
meie

jūs
teie

viņi / viņas
nemad

kas?
kes?

ko?
mis?

kā?
kuidas?

kur?
kus?

kad?
millal?

vārds
nimi

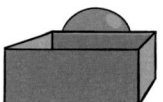

aiz

taga

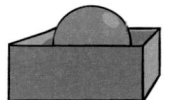

iekšā

sees

priekšā

ees

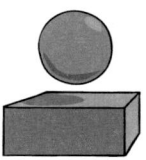

virs

kohal

uz

peal

zem

all

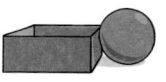

blakus

kõrval

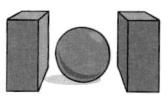

starp

vahel

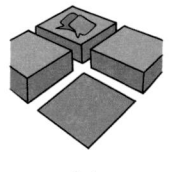

vieta

koht